PERDÓNAME LOS VERSOS QUE TE DEBO

Martín Vega Romero

COLECCIÓN ITES

PERDÓNAME LOS VERSOS QUE TE DEBO

© Martín Vega Romero
© Diseño de portada: Carla Díaz Martín
© Corrección: Míriam Villares
© de esta edición: Olé Libros, 2025

ISBN: 979-13-87951-04-7
Depósito legal: V-5286-2025
Impreso en España

KALOSINI, S. L.
Grupo editorial olélibros
equipo@olelibros.com
www.olelibros.com

A mi abuelo Antonio, por tu gran ejemplo.
Por enseñarme quien quiero ser en esta vida.

A mi primo Martín,
por ser el hermano mayor que nunca tuve.

Dos pilares sobre los que se construyó mi vida
y sin los cuales he tenido que aprender a vivir de nuevo.

A mis abuelas, Dionisia y Josefa.
En su recuerdo. Mujeres valientes de un mundo hostil,
del que tan solo aprendieron y enseñaron a amar.

Perdonadme los versos que os debo.
Todas las palabras de amor y admiración que no tuve tiempo
de deciros en vida y que recojo aquí para la eternidad.

I

Perdóname los versos que te debo.
Llegarán mis palabras a tu puerta
empujadas por el viento.
Dejarán dos ruiseñores cada mañana
dos rosas blancas en tu ventana,
cantarán las cosas que no te dije
y las que ahora quiero contarte;
golpearán el cristal con el pico
y alzarán el vuelo sin dejar rastro
para cuando te hayas despertado.
Me han contado que recoges las rosas.
Me han contado que las conservas
en un jarrón sobre la mesilla.
Me han contado que tiene tu piel
su mismo tono pálido.
Si algún día te despiertas
y aún no se han marchado,
si logras descifrar en su canto
mi llanto de amor desesperado,
tiñe con tu sangre una rosa
y regresaré a tu cama
con los besos desperdiciados
y los te quieros acumulados.
Recuperaremos antes del alba
el tiempo que nos hemos robado.

2

Todo el cosmos orquestado
al compás de la música
que escapa de tu garganta.
Mi cuerpo flotaba ingrávido
en el éter cuando se encontró con tus ojos.
Tu iris, del mismo verde oscuro
y misterioso del gran bosque
de cedros y abedules,
hogar de gnomos y hadas
y de los caballeros de la mesa redonda.
Sepultura de los guardianes del enigma
y de la estrella atrapada en un tallo de clavel
por el vuelo de una mariposa roja.
Cuando los posaste sobre mí,
un temblor sacudió la tierra
y arrancó mis pies de su cárcel de hielo
y me lanzó hasta ti.
Se paralizó mi cuerpo
y el arcaico mecanismo
que encerraba a mi corazón
se desplegó como una rosa
damascena, entregándose a ti.
Cuando tus dedos de terciopelo
acariciaron mis pómulos,
recobró mi cuerpo la vida
y cayó desplomado entre tus brazos.

De tu cuello brota un aroma salado
de agua de mar y madera de sándalo,
de tus labios de cereza
se derrama un río de miel
que me adhiere a tu cuerpo.
Y me siento en tus entrañas
y en tus pensamientos.
Y siento atravesar el universo
contenido entre tu final y mi principio.

3

Hoy lo he visto todo muy claro.
He descifrado el amor
al despertar a tu lado.
Cuando he abierto los ojos
y he visto tu rostro pálido
sumido aún en el sueño,
tus labios dibujando una sonrisa
inconsciente y sincera,
tu pelo cae sobre la almohada
como derrotado,
tu mano me agarra en gesto eterno.
Se ha resuelto el misterio
más antiguo del mundo
con un «te quiero» de tus labios.

4

Hemos alcanzado el grado
máximo en querernos
cuando el vínculo construido
supera cualquier impulso.
Cuando los pensamientos
suceden en plural.
Cuando me siento aterrado
ante la mínima posibilidad
de perderte
o de que algo pueda hacerte daño.
Cuando mis labios tienen la certeza
de hablar por los tuyos,
cuando dicen: «Te amo».

Y, cuando no estás,
tus recuerdos llenan el vacío
que ha dejado tu cuerpo
entre mis brazos.

5

Vives a mi lado sin estarlo,
la distancia me está matando.
Pero quizá sea ella la culpable
de que te siga amando.
Necesito volver a estar a tu lado,
impregnarme de tu olor,
guardarme bajo la lengua tu sabor,
volver a sentir el calor de tus manos,
abandonar la incertidumbre
y poder situar de nuevo
el tono exacto de verde
que rellena tus ojos,
poder establecer nítidas
las líneas que delinean
las manchas de tu cuerpo.
Sentirte contra mi pecho
buscando mi calor.
Necesito volver a acariciarte,
jugar con tu pelo,
mirarnos a los ojos en silencio.
Necesito que me hables al oído,
estremecerme al abrazarte,
acurrucarme en tu cuello.
Necesito volver a besarte.
Es demasiado tiempo,
al menos para mí.

El mundo es demasiado viejo
y está harto de historias de amor,
sabe que solo las más auténticas
perduran en el tiempo
y, justo porque lo tengo contado,
no puedo perder un minuto
más sin estar a tu lado.

6

Muero, creo que me muero,
y no puedo hacer nada por evitarlo
cuando caigo en la cuenta
de que sin tus brazos
me precipito por el barranco,
abandonado del amor y olvidado.
Átame despacio y aprieta el nudo,
encadéname a tu pelo
y cesará mi llanto.
Volverá la paz a mi cuerpo
y el río revuelto
quedará sujeto en un remanso.
Siéntame a tu lado
y quebranta el silencio
con tu sereno canto
de amor y descanso,
y cesará el escándalo
de gritos y lamentos
de mi corazón magullado.

7

Declina la tierra a su amante perezoso,
se despoja de su silencio
ardiente y pegajoso.
Se vence al viento caprichoso
y se entrega al tiempo
con humilde propósito.
Una única lágrima
descendió sobre su rostro,
vacilante, al fin decidió caer,
convirtió de nuevo en barro el polvo.
Sembró de nuevo
el germen venenoso y homicida
del amor y de la vida.

8

Solo me queda esperar,
solo quiero esperar.
Esperarte es mi único y último acto.
Aún conservo una remota esperanza
de tu retorno.
Que te acerques y me abraces,
que seques mis lágrimas,
que calmes este frío con tu cuerpo,
que me mires a los ojos
y me digas que ya pasó todo.
Recuerdo todas y cada una de las palabras
que me dijiste la última vez que nos vimos
y, quizá, solo las haya interpretado
a mi antojo por miedo a lo definitivo
de tu marcha y a la sensación de abandono,
pero realmente queda en mí una mínima
esperanza, un pálpito lejano
de un corazón muy castigado,
que me empuja a aguantar
hasta tu regreso.

9

Lo perdí en alguna parte.
No recuerdo en qué momento.
Debí guardarlo bajo llave.
No supe apreciarlo,
a pesar de sentirme privilegiado.
Nada más merecía la pena en este mundo.
A mi garganta se aferra un nudo
del que cuelga un grito sordo.
He de volver a verte y no sé cómo.
¿Brillarán igual tus ojos?
Ahora que nos desprendimos del beso,
¿serán fríos tus abrazos?
Tendrá tu voz el mismo temblor nervioso
y el apaciguador tono cálido.
Ya no jugarán tus dedos con mi pelo
ni acariciarán mi barba
mientras te refugias en mi pecho.
Seremos acaso capaces de agarrarnos de la mano.
¿Podré disimular mi amor desesperado?

Se me ha escurrido entre los dedos.
He vuelto a ser un ingenuo,
mi idealismo me sigue condenando.
El mundo ha vuelto a perder el color,
es de nuevo decadente, turbio y gris.
Ha regresado a mí aquel vacío inmenso
que había logrado llenar.
Nada tiene ahora sentido,
mi vida vuelve a perder el rumbo.
No sé a qué puedo aferrarme.
Trajiste la paz a mi vida,
una paz que desconocía
y que se ha marchado junto a ti.
Mi vida se ha nublado,
ha tomado un tono oscuro,
inquietante y amenazador.
Lograste ahuyentar el miedo,
pero ahora me vuelvo a sentir solo,
indefenso y asustado.
Es duro irse a la cama llorando
cuando me acostumbré a hacerlo con una sonrisa
tras habernos dado las buenas noches.
Es duro despertarse en silencio
y afrontar el día sin ilusión
cuando me acostumbré a hacerlo
con tus buenos días y tu energía.
Es duro saber que no volveré
a besar tus labios,
es duro saber que ya no dormiré a tu lado.

Me resisto a olvidar el aroma de tu pelo,
del que me impregnaba en cada abrazo.
Me niego a pensar que aquel beso
fuera el último,
que aquel «hasta luego»
se convirtiera en un «adiós».
No quiero que seamos dos extraños,
a pesar del daño,
no puedo evitar sonreír
cada vez que te recuerdo.
Volvería a elegirte una y mil veces;
y no me arrepiento
de nada de lo que hemos hecho;
tan solo me arrepiento
de no haberte dicho antes:
«Te quiero, te amo».
A pesar de sentirlo,
por miedo a asustarte,
a meterte una presión innecesaria
que al final no pude controlar,
pues mi ilusión me delataba
y el brillo de mis ojos
confesaba mis entrañas.
Aun así te quiero.
Aun así te amo.
Aun así te espero.
Aunque me pidas que no lo haga,
soy incapaz de negarme a luchar.

11

Jamás debí probar la felicidad,
es la más adictiva de las drogas,
una sensación tan plena
que una vez experimentada
genera en ti una sensación de vacío
que te acompaña hasta el final de tus días.
Te sientes incompleto
y te condenas a pasar el resto de tu tiempo
tratando de recuperar la pieza
que falta para que el puzle
vuelva a estar completo.
Ni siquiera debí proponerme ser feliz;
si la curiosidad no me hubiera
llevado en su búsqueda,
ahora no me encontraría en este estado.
La desolación se ha apoderado de mí.
Me debí haber limitado a sobrevivir,
a dejar correr el tiempo
sin ninguna intención de aprovecharlo,
de llevar a cabo ningún cometido
y, mucho menos, haber tratado de ser feliz.
Entonces, el tiempo sería menos pesado,
simplemente, dedicado a la contemplación,
sin participar de la vida;
nada podría haberme hecho daño.

Decidieron las nubes
dejar de ser nómadas,
establecieron su asentamiento
en la pequeña parcela de cielo
que iluminaba mi camino.
Cambié el azul por el gris.
La luz por la penumbra.
Una constante y amenazadora
incertidumbre de una inminente
lluvia torrencial que helará mis huesos,
que anegará el sendero
y detendrá mis pasos.

La primavera llegó a tu cama
una mañana en la que no te acompañaba.
No pude ver si los primeros rayos de sol
que te sacaron del sueño
fueron capaces de sacarte una sonrisa
como yo conseguía en cada despertar.
Se han revolucionado las abejas,
los pájaros vuelan ahora,
portando ramas en sus picos,
las flores exhiben su fertilidad
a la espera de las celestinas abejas.
El mundo ha acelerado su ritmo,
se ha embellecido,
se ha despojado de la pereza
y ha recuperado el aliento
mientras yo permanezco en silencio,
tratando de no perturbar tus días.
Dejar que la primavera te sane,
que vuelva a tu ser la alegría
de la que me enamoré,
que tus hoyuelos vuelvan a sujetar una sonrisa,
que tus ojos verdes solo lloren de alegría.
Ahora me conformo con mis encuentros con la luna,
se ha convertido en mi confidente;
le cuento todos mis miedos
y siento que me escucha.
Le hablo de ti,
le pido que me cuente
si te ha visto hoy y cómo te encontrabas,
si sonreías;

le cuento nuestros mejores momentos,
le pido que me deje retroceder en el tiempo,
que haga una excepción
y que me permita quedarme encerrado
en uno de los días que pasé a tu lado.
Uno de esos días
que ahora solo son recuerdos.
Con sus reflejos de plata
ilumina mis lágrimas
y arrastra mi rabia con las mareas…

14

Solo me queda el viento.
Hoy salí en busca de la primavera
y reencontrarme con su color.
Corrí en busca de aquella
espuma rosa de los almendros
que en otro tiempo
despertaba en mi corazón la alegría.
Pero tan solo fui capaz de distinguir
dos huecos entre la espuma,
dos árboles que no llegaron a florecer,
dos árboles que secó el invierno.
¿Dónde fue aquella primavera?
Es ahora cuando se han de librar
las más tenaces batallas del amor.
Pero yo perdí la mía antes de tiempo.
Encontré la calma
en los tonos ocres del otoño
y me refugié en el amor
durante el gélido invierno.
Ahora me veo despojado
de todo y desamparado.
Arrastrado y arrojado
a una amenazadora primavera
que se insinúa preludio
de un abrasador verano,
donde, quizá,
no sea capaz de mantener el aliento.

La gitana teje una bufanda
de punto grueso en verde lana
para cubrir la garganta de la abuela,
que, de tanto cantar nanas,
se quebró como fina porcelana.
Hace ya tres días
que la mocita marchó por agua
y apareció su enagua junto al río
en una cama de juncos
que un cisne guardaba.
El patriarca teme a son de bulerías,
con su garrota contra la tapia,
el momento de la deshonra
y que a la boda llegue inmaculado
el paño de su desgracia.

16

Necesito volver a los días
en los que podía
escuchar los latidos de tu corazón
acostado sobre tu pecho.
Volver a los días
en que el universo me era ajeno,
en que los fantasmas
se estrellaban contra la aurora
de amor con que me protegías.
Ahora solo escucho los latidos
de mi corazón herido,
que trata de huir
como un caballo desbocado
presa del miedo,
que trata de liberar a mi cerebro
de la cárcel de nuestros recuerdos,
evitar que se encierre
en escenarios irreales
donde nada ha ocurrido
y mi vida parece seguir su curso.
Necesito volver a los días
en que caminábamos de la mano,
en que guiabas mis pasos,
evitando que pudiera caer en las fauces
del gigante que me persigue
desde que me soltaste,
cubriendo con su enorme cuerpo la luz del sol,
sumiendo mi vida en una noche eterna.
Necesito volver a los días.

Hay quien quiere escuchar
un grito sordo, ahogado,
que, a la postre, no desea ser escuchado.
Que no es más que el profundo eco
inconsciente de la muerte
en su presencia e irremediable suerte.
La algarabía de los esqueletos
que se vanaglorian en el fin del mundo.
Sin sentenciar ni castigar.
Pues hay quien apenas ha llegado a la vida
y quien por fuerza no mereciera
verse en su final envuelto
con semejante calaña.
Llegan enlutados en sábanas blancas,
montando blancos caballos de cartón,
con la guadaña al hombro,
anunciados a toque de campanas.
Guardan las cabezas en sacos
para que les sea más sencilla la labor,
sin importar el pecado ni el pecador.
Hay entre los asesinados
rostros con menos piel que las calaveras
y hay quien,
guardando todavía intacta la inocencia,
es también arrastrada al feroz océano
que todo lo traga.

Déjalos marchar,
no han hecho nada.
Son tan solo fugitivos
de una luna asesina
con colmillos de plata.
Dales de comer,
prepárales la cama.
Y, al despuntar el alba,
anuda fuerte sus corbatas
y déjalos marchar
con una rosa en la solapa.

El agua de la mañana
tiene nombre de mujer.
Se traga la luz cual luciérnaga
y resbala por toboganes de clorofila
hasta caer en la tierra yerma
para llenarla de vida.

Se agolpan a la puerta,
clavan sus ojos saltones
en los vidrios,
apoyándose en sus prominentes
cejas, enjutas y muy pobladas.
He visto calaveras
con aspecto más saludable.
Es el tercer día de un carnaval
de ventoleras y chubascos.
Las máscaras más valientes
aún corretean y danzan
entre los cuerpos
repartidos por el suelo.
No sé si están muertos
ni quiero saberlo.
Los que aporrean la puerta
claman por vino y chuletas
que les lanzan por la ventana
para ver cómo se enzarzan,
con saña, como perros, a bocados,
agarrando fuerte con los dientes
y tirando de los extremos.
Les han colgado de un mástil
un pellejo de vino añejo.
Jamás hubiese creído posible
que esos rostros cadavéricos
se las hubieran ingeniado para alcanzarlo.
No hay obstáculos para un buen borracho.
Es miércoles de ceniza
y alguno aún conserva la marca.

No saldré de esta taberna
hasta que entierren la sardina,
y el infierno sea el infierno,
y la tierra sea la tierra.

No tuviste suficiente.
Me lo arrebataste.
Cuánto sufrimiento necesitas
para calmar tu apetito insaciable.
Esta vez has ido demasiado lejos.
No existe justicia divina en este mundo,
maldigo a Dios y a todo aquel
que defienda su ser justo y piadoso.
Y, aunque me duelan mis palabras,
hoy solo me nace decir esto.
Porque sinceramente creo,
tras padecer tus acciones
y tu libre albedrío
en esta dichosa tierra,
que eres tú la única y última verdad.
Pero continúas resultando
igual de despreciable y caprichosa.
Era el miedo que provocabas
en mi persona tu argumento más fuerte.
Pero ya he perdido el miedo.
No tengo nada más que perder
ni creo poder ver peores cosas en este mundo.
Tus ansias de dolor han desvelado tus cartas.
Era el miedo un enemigo retroalimentado
por la reflexión que genera
tu sola presencia y su consecuencia
ante la incertidumbre del trágico porvenir.
Por desgracia, yo, que siempre
traté de ser un superhombre,
de matar a Dios con mil maldiciones

para después volver a él,
buscando esa imagen de esperanza y salvación,
que ahora sé que no existe y no necesito.
Yo era de esos hombres
que quería creer y no podía.
He despreciado la fe como concepto,
pues no es más que aquello
que nos permite creer
en cosas que no son ciertas.
No puedo permitirme tal privilegio.
He dejado de querer descubrir
el misterio tras la muerte
y el sentido de la vida,
pues, sea lo que sea,
si eres tú quien la gobierna,
tengo por seguro que no me interesa.
Ya no necesito garantías
ante el pánico de tu llegada
y el sinsentido de la vida.
Pues, aunque digan que un hombre
no puede vivir mirando hacia la muerte
y sabiendo que camina hacia la nada,
prefiero dejarme arrastrar,
dedicando mis sentidos y mi alma
a todas esas pequeñas cosas de la vida
sobre las que aún no has posado tu mirada.

Los días se extienden
en una falsa primavera
que nunca llegó a ser.
Dejaron florecer a los almendros
para después castigarlos
con vientos gélidos
y días grises, apagando su color.
Vuelan los jilgueros desorientados,
con las ramas colgando del pico,
tras descubrir talados los árboles
donde solían anidar.
Nos alcanza la primera luna llena
de esta extraña primavera,
se agotan los últimos días de la cuaresma.
Y las calles están tomadas
por un grupo de destrozonas
que se comieron la sardina
antes de quemarla,
y bajo sus mascarones danzan impunes,
presumiendo de ser las únicas con potestad
para finalizar el carnaval.

Cuál será el misterio
que hace tan atractivo el miedo,
que hasta la cosa más bella
se nutre de ello.
Por qué se empeña la luna
en reflejar su luz de plata
sobre las afiladas astas de los toros,
por qué acuden a ella los maletillas
buscando enfrentar los aceros.
Por qué se crece el toro
ante su tela de sangre remendada,
del mismo color nacido
del rabo del diablo.
Acaso no buscan estos hombres
convertirse en mártires.
Quizá quedaron prendados
de los crucificados castellanos,
de los iconos del martirio,
del estigma de santa Rita
y de la calavera entre sus manos.
Por qué demonios
hay que contentar a las gentes.
Y sacar del mundo, rojo y negro,
tan humanos.
Qué hay de malo en asustarlos
cuando, inconscientes, buscan su sabor amargo,
empaparse la boca del sabor a sal
del sudor nervioso y helado.
No será la calavera más interesante
que un desnudo recién pintado.

No tendrá la tragedia la misma fuerza
que el amor prohibido
de final trágico y anunciado.

24

Jamás conoció el gigante
la tierra donde había nacido.
Se acostumbró desde niño
a mirar siempre por encima de las nubes
y, en los días despejados,
la distancia hasta sus pies
era tal que no podía ver más allá de sus rodillas.

Caminaba siempre con pasos cortos,
tembloroso e inseguro.
Chorros de sudor frío
descendían por sus manos,
inundando las cunetas.
Un miedo tenaz agarrotaba su cuerpo.
Recordaba las lecciones de su abuelo:
«Un gigante nunca debe caer al suelo».

Una mañana, sobre las nubes,
se encontró el rostro de una giganta,
cuyos ojos verde romero
le robaron el alma.

Peinaba sobre sus orejas
su ondulado cabello negro,
que iba a morir en sus talones,
por el que trepaban las gitanas
cantando nanas,
con sus niños a cuestas
en las cestas de mimbre
que parieron las junqueras.

Cortaban finos hilos de cabello negro
sus navajas afiladas,
con los que tramaban trenzas
que anudaban a sus melenas
rematadas en pinceles,
dibujando su rastro sobre la arena pisada.

Un incontenible impulso lanzó al gigante
al encuentro de la giganta,
a sentir el calor de otro cuerpo
que no sentía desde que su madre
lo soltó de sus brazos
y lo posó por primera vez en el suelo.

Tembló la tierra,
se escuchó el sollozo,
desplomado cayó uno,
a sus pies, el otro.

No fue suficiente su envergadura
para domar a la locura,
y la tierra cubre ahora
sus difuntos cuerpos.

Se elevaron dos montañas en el sendero.
Las tumbas de dos gigantes derrotados
por una soledad malsana.
Por el que pasan ahora los gitanos
en sus carros, con cestos de romero
y cantes de río amargo.

Creyó haber muerto ahogado,
pero quizá lo mataron los murmullos.
Sí, lo mataron los murmullos.
Cada vez estaba más convencido.
En realidad, lo mató la ilusión.
La misma ilusión que acabó
con toda la gente de aquella tierra sin aire.
Abandonada por el aire.
Ocupada por un calor seco
de calima de agosto.
Obligados a vagar por sus calles,
a cargar con sus cuerpos sin alma
en aquel purgatorio hecho a su medida.
Sus voces sin peso se han pegado a las paredes
y ahora se desprenden de ellas sus lamentos,
ocupando el espacio vacío,
resonando con el eco.

Lo velaron los buitres.
Se comportaron gentiles y misericordiosos.
Rezaron tres rosarios por su alma.
Y, tras haber esperado
el tiempo necesario,
despojaron a su espíritu
de su envoltorio terrenal
y lo acompañaron hasta el cielo.
Quizá sea este el final más digno
para aquel al que nada le fue concedido
sin haberse, nunca, atrevido a pedir.
Y se fue de este mundo
más santo que los santos,
más puro que las vestales,
más humilde que los ermitaños.
Para quedar en el olvido.
Pues nadie, aparte de las hienas,
gimió por su pérdida.
Aun así, hubo de marcharse agradecido a la vida.
Aquel que de ella no conoció las cosas buenas.
No tenía nada que reprochar.
Hubo de resignarse, pues sería esta,
según su limitado conocimiento,
la suerte que debía correr todo el mundo.
Y se marchó más humano que cualquiera.
Con el recuerdo de un mundo
de hambre, sed, soledad y desconsuelo.

En una noche sin estrellas,
desde la terraza del gran hotel,
me batía en duelo con la luna.
Con mi figura envuelta en llamas
por las luces de gas de los quinqueros,
mandó la luna su ira contra los cristales
y me enfrentaba ahora con toda ella
multiplicada en los espejos.
Saqué el alfiler de mi corbata
y me pinché la punta de los dedos,
anulando con mi sangre
el poder de su reflejo.
Con toda su furia desatada
al descubrir mi jugada,
tuve que huir corriendo junto al río,
donde me ocultaron los juncos
y el croar de los sapos disimulaba mi jadeo.
Allí la luna perdía su poder.
El caudal, aun más furioso y rebelde,
se negaba a contenerla.
Reducida su figura
a una estela de leche materna.
Pero, cuando acudieron los bueyes del agua
a la llamada de su reina
y levantaron sus testuces al cielo,
hicieron entre sus astas a la luna
lo más temible del firmamento.

La vanidad de este tiempo
se ha extendido por los hombres,
arrasando campos de cereal,
de humildad y conjura,
como una plaga de langostas.
El sorpaso del orgullo al honor,
el detrimento del amor al prójimo
en favor del propio
hacen imposible una alabanza
a la muerte humilde y sincera.
Como se mantenía en otro tiempo.
Donde solo el privilegio
de morar el alma en nuestro cuerpo
para su posterior eternidad
eran cosa más que suficiente
para permanecer agradecido en este mundo.
Debe ser tarea del hombre
lograr aquello que le preguntaba
aquel monje malo al otro perezoso:
«¿Cuándo sabré hacer
del viviente espectáculo de mi triste miseria
la labor de mis manos y el amor de mis ojos?».
De ser agradecido por el regalo de estar vivo
y poder sentir resbalar el sudor salado
de mi frente hasta recalar en mis labios,
de retomar la sangre de nuestras heridas
para comprobarlo.
Pero viene ahora la muerte toda engalanada
de crueldad y sufrimiento
a dar curas de humildad a todo aquel

que, sin respetarla,
osaba jurar y maldecir contra su suerte
y contra sí mismo, por su falta de valor.
Y así me veo: como uno más
de esos cobardes que describo.
Acompañado en este camino al camposanto
por un réquiem de tambor destemplado.
Por contradecir mi alma
en búsqueda de una eternidad terrenal.
Ajena a todo lo glorioso
y de valor en este mundo.
Ya no aceptaba alabanzas ni perdones
y, en su despotismo,
por haber vuelto a la verdad los ojos,
ahora no puedo cerrarlos
sin que venga tras de mí la pesadilla
y me arrastre de su mano
al abismo del sobresalto
y me devuelva maldito sobre mis pasos.

29

Ni el galope duro del caballo grande
sobre la tierra yerma.
Ni el gemir de su correr descalzo
por las herraduras maltratadas.
Acallaron el murmullo vibrante
que se hacía eco
por los tallos de las espigas.
Los dos alfileres de plata
seguían prendidos de sus medias caladas.
La luna los cercó con la mirada
y abandonó dos cuchillos en el aire.
Dos cuchillos,
dos cuchillitos,
dos dientes de marfil,
dos maldecidos puñales
atravesaron sus cuerpos
deslizándose, deshaciéndose…, quejándose.
El uno descansó
como un río manso,
como un valle de vides y cerezos,
estirpe de muertos y caudales baldíos.
El otro bramó y se retorció
como un arroyo negro y amargo,
de nacimiento a desembocadura,
una corriente alborotada
de simiente asesina.

Y los dos alfileres,
como dos cuchillos,
dos cuchillitos,
sujetaron las adelfas
que colocó la mendiga
al pico de sus solapas.
Sesgadas las enaguas,
bordadas dos mortajas.

Vierten sobre la tierra
el agua ardiente.
Insufla un súbito halo de vida
para su mayor desvanecimiento.
En derredor del amor,
se han derramado lloviznas de oro
que se cuelan por rendijas,
burlando la defensa del padre
y de las altas torres.
Se han burlado de ti las nubes
cuando te has dejado envolver
por su sentir húmedo y algodonado.
Y en todos los casos se han deshecho de ti
con una deshonra y un retoño.
Que, cuando sienta el bramor primitivo
del padre, la misma brutalidad fecunda,
volverá vengativo.
Y caerá en la misma trampa,
y tropezará con la misma piedra.

Arañas de fino cristal
cuelgan sobre el gran salón
con sus tripas lucientes.
Sobre el suelo ajedrezado
se colocan las piezas.
Hombres de negro vestidos
sobre negras baldosas,
las mujeres de un blanco impoluto
sobre las blancas otras.
Se agarran.
Comienza a sonar un vals
despedido y trastabillado
por las intermitencias de la muerte.
Y caen en cada pausa, abrazados.
Negro sobre blanco y fondo negro.
Estallan las copas y se derrama el vino.
Se tragan los cristales.
Azrael mantiene las alas plegadas.
Recoloca la aguja
sobre los surcos del disco rayado.
Remontan las figuras escupiendo cristales.
Se agarran...

32

Acaso no te enamoraste
de un donjuán bebedor de sangre.
Dime que no le entregaste
la pureza de tu carne y la inocencia
a cambio de una belleza embustera,
de unos ojos sin brillo,
que pretenden ser un regalo divino,
pero no son más que un envenenado
fruto del suelo,
una diabólica tentación.
Pero ¿tengo acaso escapatoria?
Confiesa, ¿existe algo que pueda librarme
de caer en tus brazos?
Que me desintoxique del perfume
que emana de tu cabellera morena
como la noche,
de tus rizos enrabietados con aire africano
y de su paciente caer europeo.
Silente serpiente, silente musa oscura.
Buscarán mis ojos primero tus labios,
pidiendo permiso,
y, cuando acudan buscando
respuesta a tu mirada,
descubrirán que es tuya mi alma
y que ha quedado presa
en aquellas lucientes perlas de esmeralda.

33

El primer aullido lo emite la luna
y la acompañan los lobos,
que, impacientes como ella,
desatan su rabia en un arrebato de cólera,
encienden las mareas con fulgor divino
e inextinguible cual fuego griego.
Y no queda criatura a salvo en los bosques
cuando las hordas asesinas transmiten
su amenaza por los troncos de los árboles.
Es entonces cuando se anuncia
en tu subconsciente como una pesadilla
y te saca del sueño.
Es entonces cuando tus ojos brillan
con la misma intensidad de las mareas,
cuando tu cabello alborotado
como las criaturas del bosque,
cuando tu piel blanca como la espuma de mar
se torna un placer prohibido
y tu cuerpo, inerte,
es arrastrado hasta la orilla.
Entonces baja y te implora una caricia.
Y, cuando tu divina mano
acaricia el helado rostro de la luna,
se reduce su colera a una infantil pataleta
que se desmorona como un castillo de arena.

34

Cierro los ojos
y tu rostro me invade,
soy incapaz de alejarte.
Estoy encadenado a tu pelo.
Perdido en el verde de tus ojos,
en ese remanso de paz
en tiempos de tormenta.
Conozco el número exacto de pecas
que habitan tus pómulos,
como polvo de oro espolvoreado
por Dios en tu nacimiento.
Conozco cada pliegue
y cada herida de tus labios.
He contemplado puestas de sol
sentado en la punta de tu nariz,
en mis infinitos sueños
caminando por tu rostro.

35

Ante la escasez conocida y anunciada.
Al primer rugido de tripas,
se despojan del peso de vidas innecesarias
y se enfrentan impúdicos
al temido noviembre.
Velan por sus voces, mas
no quieren ver quebrar más ramas
como gargantas ardientes
al paso del río de vino seco
y quemado de la última uva de la vid.
Caminante de humedecidos huesos,
tus purpúreas manos buscan el calor
en las entrañas de la tierra
y, afanadas en labor de buitres y hienas,
desentierran el cadáver de la joven
que se entregó a la luna
la última y blanca noche de verano.
Y encuentra en sus ojos las mismas raíces
y, en su boca colmada de arena,
los mismos dientes blandos e incoloros.
Cuánta paz revelaron sus manos
cuando gentiles lo invitaron
a ocupar su morada.
Levantó la mirada buscando un consentimiento
que concedieron acuciantes
las almas de sus antepasados,
reunidas ahora en torno al hoyo
que cavaron sus manos,
cuya arena aún reposa húmeda
bajo sus uñas.

Y descendió,
pues no había mundo
más allá del azul crepúscular
de los espíritus;
no había otro destino,
otro futuro, otro resquicio…
más allá de ese oscuro agujero,
y unas manos que prometían consuelo.
No sería osado decir que lo empujaron.

36

Qué cosa tan extraña
resulta un poeta
en la corte del señor,
dueño del capital.

Acuden a él maravillados con la proeza
de semejante esqueleto que conserva
su figura digna, cabeza alta,
garbosos y acompasados movimientos,
avanzando hasta la puerta.

Es aún mayor el asombro
cuando rugen sus tripas
con la ferocidad del león.
Habla, poeta, habla y comerás.

Pero aún más extraños que su presencia
resultan los grandes himnos,
las verdades adornadas de rima asonante,
los cantos al arte y al ideal,
el Apolo de barro ante el ganso de oro.

Pero ni siquiera los versos que hicieron
descender a los dioses a la tierra,
para obsequiar con una lira
las proezas del poeta,
son del interés del señor de la usura
si no le acarician las barbas.

Tan solo los restos de polvo
de arroz adherido a sus pómulos
y las ráfagas de perfume de baja alcoba
que conserva tras sus orejas
interesan por testigos,
así como su tripa hinchada
por el hada de taberna;
de las últimas noches de gloria del poeta.

Aun así lo conserva,
en actitud de piedra
junto al estanque,
porque hay que tener de todo en esta vida.

Aguanta, amada mía,
ya poco queda.
Atiende en mis dedos el gesto,
el susurro.
No dejes que tus pómulos
pierdan el rubor,
como este maldito agua de marzo
ha hecho perder a los almendros.
Aguanta a que florezcan las amapolas.
Por mucho que todos esos melancólicos
de abrigo largo, ilustre calva
cubierta por bombín y zapatos de punta
intenten postergar la primavera
robando a Helios su carro de luz,
cerrando a Perséfone
las puertas del Hades.
Encomiéndate a Apolo, amada mía,
mantente laureada,
volverá a sonar la música.
Aquellos hombres grises, moderados,
volverán al Hades con aspavientos
y llegará Perséfone, victoriosa,
burlándose de ellos.
La espera merece la pena, amada mía.
Tiene ahora tu sonrisa,
la blancura de los lirios
y de la flor del azahar.
Tiene tu piel el mismo tono de la rosa
y tus labios se encarnan
como furiosas amapolas.

Tu cabello alborotado como las abejas
y su dulce perfume de miel y flores
entreteje una trenza que será pincel
y obrará esta primavera.
Ahora toma mi mano y dancemos
al son de Orfeo y sus madrigales
sobre los salones del palacio del sol
hasta que nuestros cuerpos caigan derrotados
y tu pecho no pueda frenar
el refulgir de tu corazón
si no es con mi voz,
hasta que desfallezcamos
exhaustos de amor
y el sofoco del verano no sea
sino excusa para el descanso,
quedándonos tus ojos verdes como el laurel,
recuerdo de nuestro triunfo,
de la victoria de la sangre,
de la alegría,
de las pasiones y de la carne,
sobre las enlutadas capas invernales.

Murieron de rabia las amapolas
al ver sus pómulos rosados
hinchados de lágrimas
a punto de explotar.
Pendía la última lágrima de sus ojos
cuando descubrió su rostro
en el espejo de los ojos negros
de la niña que dormía entre sus brazos.
Madre, ¿por qué esta noche no me canta
ni me acerca su trenza para poder agarrarla?
Con el último hilo de voz,
ronca y aterciopelada,
entonó una nana.
Hacía tres días que mi niña
un plato caliente no probaba,
lanzó la madre al corral más cercano
de la era donde paraban
un regalo envenenado
para una comida desgraciada.
El ave que no vuela
voló después de muerta;
y aquella tarde comió mi niña
sopa caliente y carne de gallina vieja.
Yacía junto a tu padre
bocarriba en la era
cuando se reflejaron en la luna
dos guardias civiles,
todos ellos, tricornio y capa.
Nos sacó del trance
el gélido tacto del acero de sus tijeras

con las que uno amenazaba a tu padre
con no volver a acariciar tu cara
mientras el otro, para su menor castigo,
lo dejaba sin volver a ver la luna
ni su luz de plata.

39

Los árboles lloran;
como protesta, se desnudan,
se deshacen en lágrimas secas,
cubren el suelo con una alfombra ocre
para ocultar los caprichos del infierno.
El mundo ha perdido su color,
ha cobrado un tono mate, sin brillo,
seco, árido, áspero.
La lluvia ya no nutre, abrasa,
crea una corteza cortante
que pretende acabar con la vida.
Por más que grita, no la oyen
y, por más que lucha, no la liberan.
La naturaleza se manifiesta y espera
que Hades libere a Perséfone,
que se termine el oscuro invierno,
que el mundo recobre su color.
Que la primavera y el amor
se peleen de nuevo.

Condición indispensable del poeta
es encontrar unos ojos verdes
a los que cantar
y con los que enloquecer.

Desde tiempos homéricos,
por ellos se han cometido
las más grandes locuras,
dígase hechas por amor
o por no perder el don del verso.

Tan codiciado...

Trágicas bodas manchadas de sangre,
auspiciadores hijos de la luna,
carroñeros.

Cuando canta la madre la nana
«Duérmete, niña, duérmete ya
o vendrá el coco y te comerá»,
ya están ellos colgados de la reja,
esperando.

Que abra los ojos
y brillen como esmeraldas.
Y desde entonces rondar a la niña
y asegurarse un futuro
en esto del verso.

Tan codiciado...

Ninguna como Troya.
Oh, Elena, cuán verdes
debían de ser tus ojos…

Cómo de bellos
debían de ser los versos…
con los que, de boca de Odiseo,
Menelao logró convencer a Aquiles
de que aquella mujer
tenía las llaves de la gloria.

Cuánta razón debía de ver Príamo
en la mirada de amor loco
de Paris hacia Elena
para mandar a morir a sus hijos
hasta ver arder las calles de su ciudad.

Somos otros, los menos,
a los que nos caen del cielo
una tarde de estío.
Bendito regalo divino.

Hace ya tres años
que me topé con los míos.

Lujurioso desenfreno el de mis versos,
que, desde entonces, hacen ocultar
el pico bajo el ala
a los gallardos cisnes
y tambalear a la garza.

Mas no consiguen ruborizar
tus marmóreos pómulos
pigmentados por el polvo
en que se derramó Zeus
para alcanzar a Dánae.

Igual que se siguen derramando mis versos,
infectando cuartillas de octosílabos
por tus labios de durazno
maduro y carnoso.

Que desatan una petalada
de peonías y lirio blanco
cuando se separan
el uno del otro.

Qué malicioso don este del verso.

Tan codiciado…

ÍNDICE